AF317923

Compagnie du Chemin de Fer

DE SAINT-ETIENNE A LYON.

UN ACTIONNAIRE DE CAPITAL

A SES COINTÉRESSÉS.

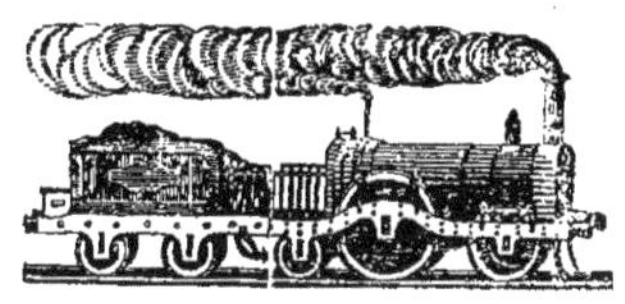

LYON

IMPRIMERIE ET LITHOGRAPHIE NIGON
Rue Chalamont, 5.

—

1847

UN ACTIONNAIRE DE CAPITAL

A SES COINTÉRESSÉS.

MESSIEURS ,

Nous venons d'entendre dire qu'un certain nombre d'Actionnaires de la Compagnie du Chemin de fer de St-Etienne avait adressé au Conseil d'administration la demande de la convocation d'une assemblée extraordinaire pour y faire voter un nouvel emprunt destiné à procurer le paiement des dividendes de 1846 et 1847, que le Conseil n'a point distribués.

Le Conseil, en effet, a annoncé, dans les comptes-rendus, que les Actionnaires de capital avaient droit :

Pour le 1er semestre de 1846, à 90 fr. par action.
Pour le 2me — à 85 —
Pour le 1er semestre de 1847, à 90 —

Si ces dividendes existaient réellement, le paiement

devait en être fait à chaque semestre , aux termes formels de l'art. 83 des statuts.

Nous ne connaissons aucune délibération des assemblées générales qui ait autorisé le Conseil à les retenir. Jamais la *nécessité du prélèvement* extraordinaire que l'art. 85 prévoit, n'a été déclarée. Jamais *elle* n'a été *décidée* par une assemblée générale. La retenue de ces *dividendes* que le Conseil déclarait *acquis* aux Actionnaires, est donc tout-à-fait arbitraire et illégale, puisqu'elle est faite au mépris de la prescription expresse de l'art. 83.

Il paraît, il est vrai, que le Conseil a pris sur lui d'employer , sans autorisation préalable , des fonds qui appartenaient aux Actionnaires et qui devaient leur revenir. Nous admettrons volontiers que les intentions du Conseil peuvent le faire excuser; mais il n'est pas moins vrai qu'avec ces façons d'agir, les garanties de bonne administration et de respect pour leurs droits , que les Actionnaires voyaient écrits dans les statuts, sont rendues complètement illusoires ; le gouvernement du Conseil devient absolu, et il ne nous reste plus que la faculté de lui accorder périodiquement des *bills d'indemnité* pour toutes les violations qu'il lui conviendra de se permettre à notre loi fondamentale.

Tant que le Conseil persistera à ne pas dresser à l'avance un budget, d'après lequel on prévoirait les dépenses à faire et aviserait aux moyens d'y pourvoir, il marchera ainsi à l'aventure et sera constamment pris au dépourvu par tous les évènements. A la dernière assemblée générale, on annonça bien qu'à l'avenir un budget serait présenté et arrêté en assemblée générale, après avoir été communiqué assez à temps pour qu'on pût le voter en connaissance de cause ; nous ne comprenons pas pourquoi le compte-rendu de l'assemblée du mois de juin ne fait pas mention de cette promesse; elle méritait cependant d'y être consignée....

Or, Messieurs, cette retenue de dividendes déclarés *acquis*, cette retenue qui n'a point été ordonnée par l'assemblée générale comme *prélèvement*, en vertu de l'art. 85, que peut-elle être autre chose, sinon un emprunt que le Conseil, pressé par quelques nécessités imprévues, a cru pouvoir faire aux Actionnaires? Mais un emprunt suppose toujours le concours de la volonté de l'emprunteur et du prêteur. Le premier n'a pas le droit de dicter les conditions; il ne peut pas imposer sa volonté relativement au taux de l'intérêt, aux époques de jouissances et de remboursement; il peut bien faire des offres, des propositions, mais il faut que le prêteur les accepte pour qu'il y ait contrat entre eux : cela ne peut pas être autrement.

Nous avions donc demandé, avec un assez bon nombre d'Actionnaires, que le Conseil voulût bien débattre ces conditions avec les intéressés. Nous avions insisté surtout pour qu'un titre fût délivré à chaque Actionnaire, qui l'avertît de son droit sur ces dividendes arriérés. Nous demandions cela, Messieurs, afin que l'on ne vît pas se renouveler ces surprises déloyales que certaines gens *bien avisés* pratiquèrent de 1841 à 1842, au préjudice d'Actionnaires, qui leur vendirent, à vil prix, leurs actions, ceux-ci ne se doutant pas que, par un retour inattendu sur le passé, ces actions allaient recevoir 150 fr. en argent, un titre de créance de 1,350, et s'élever, quelques jours après qu'ils les cédaient à 3,000 et même à 2,500, au taux de 7,000 et 7,500 !....

Nous sommes fâchés d'être obligés de dire que l'on a répondu à des demandes aussi simples, aussi justes, et nous pourrions dire aussi morales, par des raisons qui révèlent dans le *rédacteur* de ces réponses une si grande légèreté (nous aimons à croire qu'il n'y a pas autre chose), une ignorance si complète et des principes du droit commun et des textes exprès de nos statuts et des arbitrages qui en ont expliqué quelques articles, qu'il nous est impossible de ne pas concevoir les craintes les plus sérieuses sur les intérêts de la Compagnie, quand nous ne pouvons nous dissimuler que c'est là l'intelligence qui a usurpé l'influence la plus complète sur la direction et la conduite de nos affaires. Nous parlons, Messieurs, du *rédacteur* de ces réponses, car nous savons très bien distinguer, et nous vous prions de bien distinguer comme nous le faisons, celui qui a *signé officiellement* ces réponses d'avec celui qui les a *réellement* rédigées.

On propose de voter un nouvel emprunt pour nous rembourser les dividendes que l'on nous a retenus. C'est cela, en effet ; car, ainsi que nous le disait très nettement l'illustre président de l'administration, à la dernière assemblée générale : Point d'emprunts, point de dividendes ! (Il est à regretter que, sans respect pour la pensée du chef du Conseil, le rédacteur du compte-rendu ait omis d'y consigner ce mot si énergique, si concis, qui résume avec tant de vérité notre situation et notre système économique et financier.)

Sans doute, Messieurs, il faut savoir recourir à la voie du crédit quand il y a nécessité et utilité démontrées de le faire ; et, par parenthèse, il ne faut pas pour cela faire voter à l'improviste et par acclamation un emprunt *en principe*, comme le proposait assez à la légère notre agent central à la dernière assemblée, ou *sous condition suspensive*, comme il a cru devoir modifier sa proposition dans la rédaction de son compte-rendu ; ce qui n'est pas plus raisonnable , car on ne voit guère quelle relation il y a entre la nécessité d'un emprunt pour la Compagnie et la constitution d'un arbitrage par un Actionnaire dans un délai déterminé.

Le *principe* des emprunts n'a pas besoin d'être voté. C'est la nécessité qui les impose. C'est donc la nécessité qu'il faut démontrer. Or, quand on propose un emprunt de six millions à une assemblée d'Actionnaires, et que , *séance tenante*, on réduit tout-à-coup la proposition à deux millions parce qu'on ne peut indiquer d'utilité *actuelle* que pour deux millions, il est permis de croire que de pareilles variations ne démontrent pas des nécessités bien évidentes. — Hé grand Dieu ! quand on compare les précautions , les examens, les vérifications , les contrôles que les cités ou les provinces les plus puissantes sont obligées de prendre ou de subir pour obtenir l'autorisation d'emprunter non pas des millions, mais quelques centaines de mille francs ,.... on se prend d'un indicible étonnement en voyant avec quelle inconcevable légèreté on fait voter par des assemblées d'Actionnaires (dont les neuf dixièmes ne savent autre chose que l'attente d'un dividende) des millions et des millions ! On se demande s'il ne viendra pas un système de législation qui protége ces masses confiantes et sans prudence , qui sont dans un véritable état de *minorité*. — En s'associant à ces grandes compagnies industrielles, on pense trouver des gages de sécurité dans les noms respectables et imposants qui sont toujours mis en tête de ces espèces de gouvernements ; mais, par malheur, nous le disons en dépit de la trop fameuse maxime, ces hommes d'honneur et de conscience *règnent* et *ne gouvernent pas*.

Messieurs, quand on propose de faire voter des *emprunts en principe*, on est privé de raison ou bien on a l'intention de faire une surprise aux Actionnaires ; on a l'intention de leur faire croire qu'après avoir voté le *principe*, ils sont ensuite obligés de voter un *emprunt* quelconque. Procéder ainsi, ce n'est pas vouloir éclairer des déterminations, c'est essayer de les enlever et de les surpendre. Il n'y a pas moyen d'expliquer cela autrement, et nous devons relever énergiquement ces façons de nous *mener*.

Mais, Messieurs, venons à la question essentielle.

Avant que de grever notre entreprise de nouvelles dettes, n'est-il pas nécessaire, n'est-il pas juste que nos co-associés, que les Actionnaires de la série d'*industrie*, s'ils veulent conserver un droit au partage égal des bénéfices, supportent, comme notre série de capital, leur part égale dans les charges que les circonstances peuvent rendre nécessaires ?

Messieurs, nous appelons toute votre attention sur les principes que nous allons exposer et sur ce qui est le véritable état des choses entre nous.

Voici les conditions de notre pacte social : Partage égal des bénéfices entre la série de capital et la série d'industrie, sous la condition de l'apport, d'un côté, de onze millions (avec prélèvement de 4 p. %/o d'intérêts), et de l'autre, de son *industrie* et de ses soins à donner aux travaux. Voilà le fonds social. Dans cet état, la mise de chaque série est réputée égale. Le droit au partage égal des bénéfices en est la conséquence.

Malgré ses promesses et ses assurances réitérées, l'industrie n'a pas su ou pu faire, avec les onze millions, l'œuvre entreprise. Les onze millions ont été insuffisants pour l'achèvement et le développement du chemin de fer. Personne n'a osé prétendre que la série de capital dût continuer à fournir seule les fonds, et que le droit au partage égal dût se maintenir en faveur de la série d'industrie, sans que celle-ci apportât autre chose que son *industrie*. Personne n'a osé prétendre qu'à quelques sommes que dussent s'élever les dépenses à faire pour le chemin, ce serait toujours à la série de capital à procurer les capitaux, et que la série d'industrie (dont on n'emploie plus les *talents* depuis longtemps) serait toujours là pour partager les bénéfices. Cela eût été par trop exorbitant.

Non, au-delà des onze millions, en regard desquels l'industrie n'a dû apporter que son *industrie*, il faut (si elle veut conserver un droit au partage égal) qu'elle fournisse également son contingent de capitaux. — Cela est si vrai, que cela est posé en principe dans l'art. 85 qui dit, dans la supposition de certains travaux, « qu'en » cas d'insuffisance du fonds de réserve....., en cas d'in- » sufisance de l'excédant des 6 p. $^0/_0$ etc., etc....., le » surplus de la somme indispensable sera pris *par égale* » *portion* sur le dividende des Actionnaires de *chaque* » *série*. » On ne dit pas sur le dividende *seul* des Actionnaires de capital. Quand l'art. 85 n'aurait pas dit cela, la raison, la justice le disaient encore plus haut et plus impérativement.

Eh bien, Messieurs, veuillez bien y faire attention; veuillez bien l'observer....., et vous demeurerez convaincus que toutes les difficultés qui agitent et tourmentent depuis si longtemps notre Société, tiennent....., et tiennent uniquement à ce que les Actionnaires de la série d'industrie, sans oser dire ouvertement (ce qui serait par trop scandaleux) qu'ils ne veulent pas supporter cette condition inévitable de la contribution égale aux charges, font tout pour l'éluder et s'y soustraire, et sont puissamment aidés à cette tâche par la fatale habileté et le dévouement de certaines gens.

Il a été assez doux, il faut en convenir, de stipuler pour la part de son *industrie*, la moitié des bénéfices dans une affaire de *onze* millions....., aussi, on trouverait très bon que la même condition se continuât encore, quand l'affaire est de vingt, de vingt-cinq, de trente millions, et toujours indéfiniment. Mais malheureusement cela ne peut pas être ; il y a un terme à tout....., même à la simplicité des capitalistes.

Il n'y a plus qu'un principe à faire valoir, un principe incontestable de justice à appliquer et à faire rigoureusement appliquer en toute rencontre : *c'est qu'après les onze millions, pour conserver son droit au partage égal des avantages, chaque série d'associés doit supporter sa part égale des conditions onéreuses.* Au-delà des onze millions, ce n'est plus comme *industriels*, c'est comme *bailleurs de fonds*, que peuvent se présenter au partage les Actionnaires de la série d'industrie. Qu'avez-vous donné? qu'avez-vous fourni? C'est le compte à faire. — Le compte fait, la proportion pour chaque série est déterminée.

Messieurs, retenez-le bien, tout est là, — tout est dans ce principe incontestable de justice et de raison.

Depuis nombre d'années, il semble que l'on a entassé discussions sur discussions, prétentions sur prétentions sur des points de détail pour nous le faire perdre de vue....., et l'on y a réussi ! — Par ce fracas de contestations, on est parvenu à causer un tel vertige, que nos yeux n'ont plus su voir ; on nous a égarés, on nous a fourvoyés ; personne ne savait plus où se reconnaître : à l'aspect de cet entassement de difficultés, chacun perdait courage, aucun ne se sentait la force d'en entreprendre la solution. Le seul instinct de la conservation nous a guidés et nous a préservés; mais enfin la lumière a jailli du choc des opinions, et maintenant nous ne devons plus éprouver d'autre étonnement que celui d'avoir si longtemps oublié un principe si naturel, si simple, et qui suffit à résoudre tant et tant de difficultés accumulées.

Messieurs, ne nous laissons plus surprendre ; dorénavant sachons tout ramener à ce principe ; nous avons là le puissant et infaillible moyen de solution à tous les débats.

Remarquez comme la justice et la vérité font toujours sentir leur puissance ! l'on n'a pas pu être toujours conséquent au système que l'on cherchait à faire prévaloir ! ainsi, quand, tous les six mois, on prélève sur les produits du chemin de fer ce qui est nécessaire pour satisfaire aux intérêts et à l'amortissement des emprunts, cela n'équivaut-il pas évidemment à mettre la charge sur chacune des séries co-partageantes ? Seulement, nous devons vous faire remarquer que, dans le système des emprunts qui a été pratiqué jusqu'à ce jour, le capital est injustement grevé d'une garantie qu'il ne devait pas.

Quand il a été reconnu, quand il a été décidé qu'il fallait emprunter, chaque série aurait dû se procurer elle-même son contingent. La série de capital pouvait offrir à ses prêteurs, comme garantie de ce qu'elle empruntait, ce qui lui appartenait bien légitimement, bien incontestablement, ce qu'elle avait payé avec ses dix millions, c'est-à-dire le chemin de fer, son matériel, etc. La série d'industrie, au contraire, ne pouvait offrir pour gage à ses prêteurs que ce qu'elle avait, c'est-à-dire sa part éventuelle dans les bénéfices nets de la Société (et la part des gérants diminuée encore des 3 p. %, promis par eux pendant trente ans à la série de capital). Or, si cette éventualité de bénéfices ne paraissait pas un gage suffisant aux prêteurs à qui l'industrie se serait adressée, quel autre gage devait-elle leur donner? C'était infailliblement les propriétés personnelles de Messieurs de la série qui devaient en servir..... Mais nous, nous série de capital, nous n'avions pas à engager notre propriété pour le contingent de la série industrielle. Et, cependant, voilà ce qui n'a pas eu lieu..... : le chemin de fer a été affecté, hypothéqué à la garantie d'une dette....., qui n'était pas la nôtre. Quelles conséquences cela ne devrait-il pas avoir? Ne l'examinons pas, mais, au moins : Avis pour l'avenir! Et pour les emprunts qui pourraient avoir lieu, n'oublions pas de distinguer et de laisser à chacun la charge de ce qui doit le concerner.

Maintenant, Messieurs, que nous savons quel est le principe qui doit régler les rapports des deux séries d'associés de notre Compagnie ; maintenant que nous savons bien que nous ne sommes pas hors la loi naturelle et civile, qui veut que, dans toute société, chaque intéressé supporte les charges dans la proportion de son droit aux avantages, prenons le principe comme un flambeau, et, à sa clarté, soumettons à l'examen quelques chefs de nos difficultés.

Et d'abord, venons-en à la fameuse opération de la liquidation des dividendes arriérés ; cette conception miraculeuse qui fit succéder à des jours de privations et de vulgaire économie, des jours d'opulence et de prospérité, qui, pour durer, n'ont plus besoin..... que du vote périodique de nouveaux emprunts.

Depuis plusieurs années, une sorte de pressentiment et d'instinct avertissait que cette opération extraordinaire était funeste aux actionnaires de capital ; mais, au milieu des critiques et des préventions qu'elle soulevait, on ne savait pas bien expliquer en quoi consistait le préjudice qu'elle renfermait. Grâce à de sérieux et attentifs examens, le vice en est connu, et aujourd'hui rien n'est plus facile que de le rendre sensible à l'intelligence de tout actionnaire.

Pressé par des circonstances impérieuses, on avait pris la courageuse et sage détermination de consacrer les produits du chemin aux besoins. Sans la nécessité qui les faisaient retenir, ces produits auraient dû être répartis entre les coassociés, conformément aux droits et obligations résultant pour eux des art. 83 et 94 des statuts. Ce ne fut point comme *prélèvement extraordinaire*, prévu par l'art. 85, que cette retenue des produits dut avoir lieu ; l'assemblée générale ne l'ordonna point ainsi, et en conformité aux dispositions de cet article.

« Ce fut bien effectivement un versement fait par les
» actionnaires....., à titre d'avance ou de prêt....., sous
» la condition que le compte en serait fait à chacun
» dans les écritures de la Société. » (Compte-rendu du 21 décembre 1846, page 77.) C'était un véritable emprunt, quelque peu *forcé*, que l'on faisait aux actionnaires.

En 1842, on fit la liquidation de cette retenue qui s'opérait depuis 1832. De quoi s'agissait-il là ? de reconnaître, de vérifier la proportion dans laquelle chaque série d'Actionnaires avait participé à cette charge imposée par la nécessité. — Remarquez que si on avait fait le prélèvement indiqué par l'art. 85, il y avait également lieu à liquider l'opération pour s'assurer que chaque série y avait contribué par égale portion.

On trouva que la série de capital avait prêté ainsi trois millions (je prends les nombres ronds), la série d'industrie, un million.

Que fallait-il conclure de ce résultat ? — Evidemment que la série d'industrie devait prêter encore deux millions pour égaliser sa condition à celle de la série de capital, ou voir diminuer proportionnellement sa part dans le partage des produits.

Remarquez bien, Messieurs, que le prêt fait par la série de capital est incontestablement onéreux pour elle : d'abord on ne lui a point alloué d'intérêts pour les sommes qu'elle a fournies depuis 1832 jusqu'en 1842, pendant dix ans; puis on lui a donné des titres (les reconnaissances de capitalisation) ne portant intérêt qu'à 4 p. $^0/_0$ et remboursables de trente à cinquante ans. Vous savez de quelle dépréciation immédiate ces titres ont été frappés.

Eh bien ! il faut, si l'on doit encore emprunter, que la série d'industrie fournisse une somme égale à celle que nous avons fournie. Si l'on ne nous alloue point d'intérêt de 1832 à 1842, il faut que les deux millions qu'elle a à prêter, ne lui en produisent point non plus pendant un temps égal; et, au bout de ce temps, on lui donnera des reconnaissances à 4 p. $^0/_0$, et remboursables dans un délai pareil à celui que nous avons à attendre : sinon, réduction dans sa part au partage des bénéfices. Tout cela est inévitable, tout cela ne peut pas même se contester, à moins, toutefois, que l'on n'ait le courage de soutenir que la série de capital doit être chargée de prêter à la Compagnie de l'argent à de dures conditions, afin que la série d'industrie ait l'avantage de partager les bénéfices produits par ces capitaux. Nous serons les serfs de Nosseigneurs de l'industrie !.... Mais de pareils principes ne trouveront personne pour les défendre ou les faire triompher. Il n'y a pas de juge, il n'y a pas d'arbitre qui pût sanctionner de pareilles énormités.

Voilà, je pense, la fameuse opération bien comprise, et dans ce qu'elle a été et dans ce qu'elle aurait dû être : et maintenant, je le demande, y aurait-il un Actionnaire assez simple pour *voir tout d'abord que la création des reconnaissances de capitalisation* A PROFITÉ *aux actions de capital, quatre fois et demi autant qu'aux Actionnaires d'industrie!!*

Vous vous récriez et vous demandez : Qui a jamais pu dire cela ! — Qui, Messieurs ? — M. l'agent central, M. l'agent central écrivant lui-même (1) ! — Cette disproportion dans laquelle l'emprunt avait pesé sur la série de capital, il la représentait comme un profit pour elle !!! — Oui, c'était ainsi qu'il expliquait l'opération à un Actionnaire tout confiant *alors* dans ses paroles. Qu'il me permette de le lui dire, ou il voulait induire en erreur celui à qui il écrivait ainsi, ou bien il était de bonne foi et croyait ce qu'il disait (et j'aime mieux le supposer); alors qu'il consente à faire bon marché de sa réputation d'homme intelligent en affaires....., il n'y a pas d'autre alternative à poser.

Voilà, Messieurs, les raisons qui nous font dire qu'avant tout, préalablement à tout emprunt, il faut que la série d'industrie égalise sa position à la nôtre, ou bien qu'elle subisse réduction dans la participation au partage. Une note motivée a été déposée à ce sujet sur le bureau à la dernière assemblée générale ; elle devait être insérée

----

(1) Lettre du 3 mars 1845.

au procès-verbal. Le compte-rendu n'en fait pas mention ,... ce compte-rendu rédigé avec... avec cette habitude d'affaiblir ou de ne pas comprendre les raisons que la série de capital fait valoir, tandis qu'au contraire on supplée celles que les partisans de la série d'industrie n'ont pas, en séance, songé à avancer (1). — Mais ce n'est pas cette omission qui détruit nos raisons et notre droit.

Le Conseil est mis en demeure, et, au besoin, cet écrit, qui lui sera adressé, est une interpellation qu'il veuille bien s'expliquer sur cette question si nette, si simple et qui domine, je l'affirme, toute la position des côassociés : « Reconnaissez-vous qu'au-delà des onze millions » primitifs, la série d'industrie, pour conserver droit au » partage égal des bénéfices, doit concourir aux charges » dans la même proportion ? » — Le principe admis, les conséquences sont nécessaires, irrécusables.

Inquiétés par les ressouvenirs de nos débats, craindriez-vous, Messieurs, que, dans le Conseil où siégent, *même* pour *représenter le capital*, tant de membres porteurs d'actions d'industrie, craindriez-vous qu'une demande si conforme à l'équité, au droit, à la raison, pût être éludée et non franchement résolue ? Nous vous dirions avec la plus intime conviction : « Non, Messieurs, non ; déposez cette crainte.

---

(1) Pour n'être plus dans le cas de relever ces inexplicables *lapsus* de la mémoire de M. l'agent central, nous ferons observer que cet employé supérieur n'est point de droit secrétaire de l'assemblée générale. C'est une petite usurpation que de se poser comme tel au bureau. L'assemblée doit élire son secrétaire, et nous rappellerons que dans les premiers temps de notre Société les choses se passaient ainsi; on peut consulter les procès-verbaux. Il est bon de revenir aux anciens usages, surtout quand les innovations produisent des abus.

Sans doute, ce serait trop présumer que d'attendre que les *industriels* proprement dits répondront d'emblée et sans quelque tergiversation, sans quelque équivoque..., il faut s'y attendre et l'excuser...; mais ne désespérons pas de l'autorité de la justice et de la raison : ces Messieurs qui, après tout, ne sont pas des insensés, sauront s'y rendre et s'y soumettre. — Quant à ces autres membres qui, à leurs actions de capital, joignent en effet des actions d'industrie dites de *fondateurs*, ces hommes sont placés trop haut dans l'estime publique pour qu'il y ait à craindre que l'intérêt personnel puisse chez eux hésiter devant le sentiment de la justice et du devoir. »

Si, en thèse générale, il a dû être permis de faire ressortir ce que leur position avait de peu conforme au texte et à l'esprit des statuts, cependant en fait, et éclairés que nous sommes par les rapports immédiats qui nous ont procuré l'avantage de les connaître personnellement et de les mieux apprécier, nous n'avons plus de soupçons ni d'inquiétudes. Nous n'avons plus, Messieurs, d'autre vœu à former que celui de les voir se déterminer, à l'avenir, d'après leurs propres lumières et sous les inspirations de leur droiture et de leur loyauté ; nous n'avons plus qu'à leur demander de se dégager de ces influences compromettantes, qu'une déférence ou une confiance excessive a laissé devenir beaucoup trop agissantes et dominatrices.

Savez-vous, Messieurs, la seule appréhension que nous puissions avoir ? La voici : — Les *meneurs* qui ont su prendre un si funeste ascendant sur le Conseil, comprennent bien qu'ils ne peuvent plus, devant cette lumière qui se fait enfin sur les ténèbres qu'ils avaient engendrées, qu'ils ne peuvent plus égarer ces hommes honorables, et les détourner de la voie de la justice et de la raison en leur

présentant le vil *appât* de leur intérêt personnel. Non :
ils sentent bien qu'ils échoueraient. Ils s'y prennent plus
adroitement ; ils cherchent à les arrêter en s'adressant à
la générosité même de leurs sentiments. Ils mettent en
avant un fantôme de prétendu honneur ; ils essaient de
faire mouvoir un certain esprit de corps, et ils disent :
« Votre honneur est engagé à soutenir les actes du
» Conseil. » — Sans doute, il faut savoir soutenir les actes du Conseil, mais quand ils sont conformes aux principes de la justice, et quand ils ne sont pas le résultat
de l'erreur. Mais, quand l'injustice ou l'erreur sont rendues
évidentes, l'honneur, l'honneur véritable consiste à reconnaître l'erreur, à réparer l'injustice. Soyons tranquilles,
Messieurs, encore une fois, soyons sans inquiétudes ! Les
tentateurs pourront bien causer un moment d'illusion sur
nos dignes et respectables administrateurs ; mais un ins-
tant de réflexion, mais la voix de la conscience les auront
bientôt garantis du piége qui leur serait tendu.

Il faut le reconnaître, la question que nous posons si
claire et si péremptoire devant le Conseil, et la réponse
qu'elle ne peut manquer de recevoir, vont déranger des
plans et des combinaisons peut-être dès longtemps prépa-
rés. C'est un malheur ; mais quelles que soient les conséquences, il faut les subir, il n'y a plus moyen de tergiverser.

Ce ne sont pas ces deux millions que la série d'industrie
aurait à prêter au taux et aux conditions que nous avons
énoncés plus haut, qui feraient la difficulté. Ce n'est, après
tout, que 5,000 fr., par chacune de ces actions, à placer
à de *médiocres* conditions ; mais, ce qui pourrait causer plus
d'embarras, ce serait la responsabilité dont les porteurs
originaires pourraient être tenus envers les porteurs ac-
tuels de ces actions. Quand ces derniers ont acheté à 15,

20 , 25 et , dit-on , jusqu'à 28 mille francs leurs actions , ils ont cru acquérir des titres qui leur donnaient, sans autre charge et sans autre apport à faire , le droit assuré de venir prendre une quote-part dans la moitié des bénéfices de l'entreprise ; ils ont cru , en un mot, acquérir des titres *libérés* ; mais , s'il faut parfaire (et la chose est inévitable) le contingent de deux millions dans le prêt fait à la Compagnie, prêt qui ne peut pas peser sur la série de capital seule ; ou bien , si la part dans les bénéfices doit être diminuée dans la proportion des charges que la série d'industrie ne *supporte pas* (et c'est encore la conséquence nécessaire du principe d'égalité entre les charges et les profits) ; s'il y a à rapporter quelques centaines de mille francs mal à propos distribués , ou illégitimement recueillis au préjudice de la série de capital ; si , enfin , ces porteurs d'actions ne jouissent pas de ce qui leur a été vendu , n'auraient-ils pas des recours , des garanties à exercer contre ceux qui ont mis ces titres en circulation ? Cela pourrait bien être incontestable.

Aussi , il se pourrait que quelque possesseur d'actions industrielles, très clairvoyant et calculant bien les chances dont ces actions sont menacées , eût imaginé de provoquer cette demande d'une assemblée *extraordinaire* (très extraordinaire en effet , l'assemblée générale ordinaire devant avoir lieu en décembre prochain) pour faire voter *à la course* un emprunt. Avec l'emprunt, suivant l'usage, on distribuerait des dividendes, avec les dividendes le taux des actions se relèverait à la Bourse ; et, profitant du moment , l'adroit joueur vendrait ses actions.... et s'il faut plus tard exercer un recours , le souci et la peine n'en seraient pas à lui , mais bien à ceux à qui il aurait transmis ses titres.

Nous pensons rendre service en avertissant nos co-intéressés de cette petite intrigue ; et, si la spéculation (dont nous faisons la supposition) était réelle, nous convenons que nous n'avons aucun scrupule de la contrarier.

Mais reprenons, Messieurs, l'examen de la liquidation des dividendes arriérés fait en 1842. Vous avez vu comment on y reconnaissait que la série de capital avait prêté à la Compagnie trois millions, et celle d'industrie un million seulement (je me sers toujours des nombre ronds) ; vous avez vu comment, au lieu de tirer de ce fait sa conséquence naturelle et équitable, c'est-à-dire au lieu de faire avancer par l'industrie une somme égale à celle que nous, actions de capital, nous avions fournie pour les besoins de l'entreprise ; au lieu de compter avec cette série, et de lui faire supporter dans son droit de partage une réduction proportionnelle aux charges qu'elle n'avait pas supportées ; vous avez vu, disions-nous, comment on représenta à notre confiance et à notre *intelligence* d'Actionnaires, cette opération comme *profitant* au capital quatre fois et demi autant qu'aux Actionnaires d'industrie. Continuons à analyser *le profit* que cette fameuse opération nous procurait.

Nous avions bien effectivement *fait une avance, un prêt*, comme le dit et le prouve très bien, *pour le Conseil d'administration et par son ordre*, M. l'Agent central, dans ses notes et explications imprimées à la suite du compte-rendu de l'assemblée du 21 décembre 1846 (voy. pag. 77 et 93). Ce ne fut point le prélèvement indiqué par l'art. 85. — Cela est certain, cela est reconnu. — Eh bien ! puisque nous avions fait un prêt, il nous en revenait des intérêts, à partir de chaque versement que nous avions fait. — Toute somme prêtée dans le commerce ou l'industrie produit , selon l'usage et en quelque sorte comme de plein droit, des intérêts, à moins de convention contraire : or, ici, de quoi était-on convenu ? lisez aux pages indiquées plus haut des notes et explications de M. l'agent central; vous y verrez : que cette avance, ce prêt , *ne fut consenti par l'assemblée générale que sous la condition que le compte en serait fait à chacun , dans les écritures de la Société* (page 77) ; vous verrez que, plus tard, *sur la question des intérêts que porteraient ces avances , on paraît généralement d'accord sur le principe ,* on discute le taux de ces intérêts , etc., page 73).

Ainsi , en fait, il était entendu, il était établi que ces avances , que ce prêt , devaient produire des intérêts. — Et cependant, dans la liquidation on *n'en a pas fait compte à chacun,* on n'en a point alloué : par quelle raison ? — Le digne, le vénérable M. Binet , qui était commissaire dans cette opération , en la compagnie de MM. Camille Seguin et Achilles Guillaume , dit qu'il oublia ces décisions rendues bien des années auparavant. Au milieu de ses savantes préoccupations , rien n'est plus aisément concevable que cet oubli. — Et ce que nous concevons aussi , ce que nous admirons davantage encore , c'est cette générosité, c'est cette bonté touchante qui porte l'illustre professeur du Collége de France à se charger d'une espèce de tort , plutôt que de se ressouvenir de celui que très certainement on eut envers lui. — Non , les deux autres commissaires n'oublièrent rien , eux ! l'agent central , dont le devoir et la mission est de connaître et d'étudier les actes qui forment la législation spéciale de la Compagnie, et qui , depuis six années, avait dû s'y appliquer , ne pouvait ignorer ni oublier ces actes , qu'il a si bien reproduits et expliqués depuis dans ses notes de 1846.

— Evidemment, on induisit en erreur M. Binet, en lui disant que la question des intérêts était résolue par l'arbitrage de 1830. La preuve qu'on lui présenta ainsi la question, c'est qu'à la dernière assemblée, M. Binet expliquait qu'il n'avait pas alloué d'intérêts, parce que l'arbitrage de 1830 avait décidé qu'il en devait être ainsi! il n'aurait pas donné cette explication, si M. l'agent central, *qui lui a présenté des relevés des diverses sommes provenant des produits bruts*, qui lui a présenté, en un mot, les travaux préparatoires que son devoir était en effet de rassembler, n'avait déclaré qu'il n'avait point porté d'intérêts dans ces états, parce que l'arbitrage de 1830 le voulait ainsi. La preuve encore que cette raison fut alléguée à M. Binet, c'est que nous voyons dans le dernier compte-rendu que, même après les explications qui furent développées dans l'assemblée, et que tout le monde comprit, hors, à ce qu'il paraît, M. l'agent central, celui-ci persiste à mettre en avant qu'aux termes des statuts et des arbitrages, les dividendes non distribués ne produisent pas d'intérêts; ne craignant point, comme vous le voyez, de se mettre en contradiction avec ce qu'il a écrit et imprimé six mois auparavant. Lorsque, à l'occasion de la réclamation des dividendes de 1846 et 1847, nous avons demandé que l'on voulût bien nous indiquer les articles des statuts et les passages des arbitrages qui décident cela (car nous ne pouvons parvenir à trouver dans les exemplaires de ces statuts et de ces arbitrages qui nous ont été donnés rien qui ressemble à ce qu'on leur fait dire), au lieu de transcrire ces articles et ces paragraphes, on nous renvoya..... à l'arbitrage constitué par M. Boulard ! Nous convenons que cette manière de raisonner confond notre logique.

Eh bien, Messieurs, vous allez voir s'il est possible de se méprendre sur le sens et la portée de cet arbitrage de 1830 !

Deux questions étaient soumises entre autres aux arbitres :

Quand les 4 p. % d'intérêts assurés par les statuts aux Actionnaires bailleurs de fonds ne leur étaient pas payés, n'était-il pas dû intérêt de ces intérêts non soldés ? — Les arbitres répondaient : Oui, il est dû intérêt de ces intérêts non acquittés, parce que leur paiement est un engagement, une condition expresse des statuts ; oui, parce que ce paiement est une charge de la Société ; les Actionnaires à qui on vendait leurs titres, ont dû compter sur ce paiement ; et, toutes les fois qu'on ne jouit pas de la chose promise, il est dû indemnité, et ici l'indemnité c'est l'intérêt des intérêts non payés. Et, en vertu de cette décision, on a payé effectivement une somme de 137,270 fr. pour ces intérêts d'intérêts.

La seconde question était de savoir si les Actionnaires de capital avaient droit à des intérêts, quand ils n'avaient pas reçu les 3 p. % que les gérants s'étaient engagés, par les statuts, à laisser prélever, pendant trente ans, sur les dividendes qui pouvaient leur revenir, tant que les Actionnaires n'auraient pas 3 p. % de dividendes après leur 4 p. % d'intérêts. — Et les arbitres, avec raison et justice, répondirent : Non il n'est pas dû d'intérêt pour le retard que les Actionnaires de capital éprouveraient à toucher ces 3 p. %, car l'engagement des gérants n'est pas de donner 3 p. % chaque année, mais seulement de ne pas toucher eux-mêmes de dividendes, tant que les Actionnaires de capital n'auront pas reçu à ce titre 3 p. % en sus de leur 4 p. % d'intérêts stipulés. C'est là une part concédée sur des bénéfices éventuels ; mais l'existence des bénéfices est une circonstance indépendante de la volonté de ceux qui ont pris cet engagement ; donc pas d'intérêts à prétendre. Toutefois, les arbitres décidèrent que les Actionnaires auraient le droit de reprendre les 3 p. % non délivrés sur les années subséquentes ; « car, disaient-» ils, l'engagement pris par les Gérants dans les art. 94 » et 95 des statuts (engagement *qui a déterminé la plus* » *grande partie des Actionnaires à acheter des fondateurs* » *leurs actions à prime*) ne peut être un leurre, et c'en » serait un véritable s'il dépendait de ceux qui ont la » direction du chemin (MM. Seguin l'avaient et l'ont » encore, puisque M. Gervoy est le gendre de M. Camille) » de reporter les dépenses sur les années qui leur » conviendraient pour éluder l'effet de cet engagement. »

Encore une fois, l'arbitrage décida fort justement qu'on n'avait pas le droit d'exiger des gérants des intérêts sur les 3 p. % restés en arrière. Cela était décidé, remarquez-le bien, dans le rapport des Actionnaires de capital avec les gérants, et non point dans le rapport de ces Actionnaires avec la Compagnie. — Quand les gérants ne nous avaient pas donné les 3 p. % promis, nous n'avions pas le droit de leur demander des intérêts pour le retard de la jouissance. — Mais quand, à chaque semestre, on déterminait ce qui revenait à chaque action : *tant* pour son dividende propre, *tant* pour sa reprise sur le dividende des gérants ; et lorsque l'action de capital prêtait cette somme totale à la Compagnie, cette somme devait produire des intérêts, tout comme si elle eût été prêtée à une autre compagnie ou une autre personne ; cela est évident.

Nous ferons encore observer que si, par une incompréhensible propriété, ces 3 p. %0 produits par la reprise exercée sur le dividende des gérants, avaient été *insuscep-tibles* de produire des intérêts, les sommes que nous prêtions à la Compagnie ne se composaient pas de ce seul élément, c'étaient aussi nos dividendes propres qui y concouraient, et ces fonds ne seraient pas frappés de cette prétendue stérilité. Mais ces distinctions sont de vaines subtilités. — Nous prêtions : voilà tout ce qui est à considérer ; et l'on n'a pas à s'inquiéter de l'origine des fonds que nous mettions ainsi à la disposition de la Société.

S'étayer de la décision de l'arbitrage qui déclare que les 3 p. %0 ne sont pas productifs d'intérêts quand les gérants sont en retard de nous les procurer, pour conclure que les sommes prêtées par les Actionnaires à la Compagnie ne doivent pas produire d'intérêts, c'est une confusion tellement grossière des choses les plus distinctes, c'est une conclusion tellement dénuée de justesse et de sens, qu'il est impossible à notre raison d'admettre qu'une pareille opinion puisse être soutenue de bonne foi : — ou si on la soutient avec bonne foi, cette bonne foi ne peut être que le résultat d'une véritable infirmité de l'intelligence. La nôtre ne conçoit pas d'autre alternative.

Or, savez-vous, Messieurs, quel préjudice cette omission d'attribution d'intérêt causait à la série de capital?

Un redressement du compte de cette liquidation, déposé sur le bureau de la dernière assemblee générale, portait à près de 700,000 fr. ce préjudice. Cet état, dressé par un homme entendu et exercé à ces sortes d'opérations, ne fut déposé cependant que sous toutes réserves d'erreurs, comme cela doit être quand on présente un travail de chiffres ; et ces réserves étaient ici d'autant plus convenables, que, pour dresser exactement ces comptes, il faudrait avoir à sa disposition les livres mêmes de la comptabilité de la Compagnie. Mais, en adoptant le taux légal de 5 p. % et en capitalisant, suivant l'usage, les intérêts non payés aux échéances, on n'arriverait pas à une somme moindre de cinq cent mille francs ! Somme qui a bien réellement *profité*, et, très indûment *profité* à la série d'industrie ; somme dont celle-ci doit le rapport à la série de capital, si cette dernière série n'est pas déclarée mise hors de la justice et du droit commun.

Si l'on refuse au prêt que nous avons fait à la Société la propriété d'être productif d'intérêts, on ne peut méconnaître qu'il n'y ait eu là mise de capitaux, faite pour procurer des avantages à l'entreprise. — Ce n'était pas un *dépôt* que nous confiions à garder à un dépositaire sans droit pour lui de s'en servir : non, il n'était rien de tel. Dès lors, nous devons avoir, et l'on doit nous accorder dans le partage des produits, une part proportionnelle aux moyens que nous avons fournis pour les obtenir : c'est toujours l'application du principe de la proportion des avantages aux charges.

Sous quelque rapport donc que l'on considère l'avance de fonds faite par notre série, il est incontestable qu'elle a un recours à exercer, une restitution à demander à la série d'industrie. Celle-ci ne peut s'enrichir aux dépens de l'autre série son associée. Le *quantum* de cette restitution n'est qu'un compte à faire ; mais le principe d'après lequel il doit être fait ne peut admettre de contradiction sérieuse, car il est évident que, dans cette liquidation, la série d'industrie a perçu ce qui devait revenir à la série de capital, ou à titre d'*intérêts*, ou bien à titre de *proportionnelle* à sa mise de fonds.

Faisons encore une observation, mais à titre de simple observation, et pour faire seulement ressortir que de *profits* renferment pour nous cette fameuse opération ! — Les Actionnaires qui, sur la foi des statuts, avaient apporté leurs capitaux et acheté leurs actions *à prime*, devaient s'attendre à des paiements ou prélèvements en numéraire; — on les paie en titres de créances ! C'est encore un emprunt que l'on continue à leur faire... et au lieu d'attacher à cet emprunt, non le taux d'intérêt que la Compagnie payait aux prêteurs étrangers, 6, 6 $\frac{1}{2}$, cela ne convenait pas, mais le taux ordinaire de 5 p. %, on ne lui assigne que celui de 4 p. %, avec les chances d'un remboursement dans trente ou cinquante ans. Aussi les titres de 1,350 francs que l'on reçut, furent immédiatement frappés de dépréciation, et l'on ne reçut réellement pas le paiement de ce qui était dû. Nous disons qu'il n'y a là qu'un sujet d'observation et non de réclamation; nous sommes incontestablement non recevables à revenir sur le taux de cet intérêt et la valeur du titre. Nous avons reçu, accepté ce titre, sachant bien qu'il ne produirait que 4 p. %; il y a exécution, tout est dit.

Mais, de ce que nous ne serions pas recevables à revenir contre cette fixation d'intérêt et d'époque de remboursement s'ensuit-il, que nous soyons également forclos du droit de demander réparation des erreurs ou omissions qui se sont *glissées* dans le compte de la liquidation ? Non : toute erreur ou omission dans des comptes se répare; c'est un principe d'équité qui ne peut être contesté. Là où il y a une erreur, il n'y a pas de consentement; là où il n'y pas de consentement, il n'y a pas de convention qui lie... Nous avons cru que notre compte était bien fait !... Nous nous apercevons d'erreurs... Nous réclamons... Dire comme on l'exprime au compte - rendu, pag. 42, qu'il n'y a de redressement admissible que sur des *erreurs de calcul* et non sur les principes d'après lesquels un compte est dressé, est une de ces opinions tellement choquantes, qu'elles n'ont pas besoin d'être réfutées. — Mais, dit-on encore, cette liquidation est un fait accompli ! — Il y a de certains mots *tout faits* que l'on emploie comme s'ils renfermaient une raison. — Un fait accompli ! — Qu'est - ce à dire, et que prétendez-vous par-là ? Qu'un fait, parce qu'il existe, est inattaquable et domine tout ! Sans doute, l'existence ou la réalité d'un fait ne peut pas se nier ! mais, cela veut-il dire que les conséquences de ce fait doivent être nécessairement acceptées ? Voici un meurtre, voici un vol... ce sont deux faits accomplis. Est-ce à dire qu'on ne peut en poursuivre ni la punition ni la réparation ! Avec cette belle théorie du fait accompli, il n'y a plus de droit, plus de justice, plus de lois dans le monde ; il n'y a que la loi du plus fort ou du plus adroit. — N'allons pas plus loin contre de telles objections, elles ne prouveraient que l'inconséquence de ceux qui les soutiendraient.

Abordons-en une plus spécieuse, mais pas mieux fondée ; elle nous amènera à la discussion de cette transaction si souvent opposée aux Actionnaires de capital ; il importe qu'ils sachent enfin ce que c'est que cette transaction ; je crois même que la plupart de ceux qui en parlent ne la connaissent pas bien.

Vous attaquez, nous dit-on, la liquidation de 1842 ! mais la transaction s'oppose à votre prétention ! voyez l'article 5, nous dit assez timidement M. l'agent central à l'assemblée du mois de juin. — Avant de répondre, rappelons d'abord quelques principes qui ne sont pas susceptibles de controverse. Une transaction règle ce qu'elle règle ; on n'y fait pas entrer par induction ce qui n'y a pas formellement été compris. Le Code dit expressément que « les transactions se renferment dans leur » objet... que la renonciation qui est faite à tous droits, » actions et prétentions, ne s'entend que de ce qui est re- » latif à l'objet même de la transaction (art. 2048 et » suiv. du Code civil.) »

Nous le demandons, est-ce que l'objet de la transaction était de régler *à forfait* le chiffre de la liquidation des dividendes arriérés ? L'art. 5, invoqué contre nous, dirait-il, par hasard, que : « vu la difficulté de détermi- » ner exactement la quotité des avances, cette quotité des » prêts faits par chaque série d'Actionnaires, on l'a fixée » d'un commun accord à tel chiffre, et que, chaque par- » tie contractante renonce à la rectification de toute er- » reur qui aurait pu être faite et qui serait plus tard » découverte, le but de la transaction étant précisément » de prévenir toutes recherches et de traiter à forfait sur » les chiffres adoptés ? » Devant un semblable texte ou quelque chose d'analogue, nous en conviendrons, nous devons nous taire ; et si nous élevions des réclamations contre les erreurs de l'opération, nous devrions être repoussés.

Mais voyons ce que dit l'art. 5. « La liquidation des » droits et des actions, soit de capital, soit d'industrie, » sur les bénéfices antérieurs ordonnancés ou capitalisés » jusqu'au 1er novembre dernier, est et demeure, en » tant que de besoin, approuvée et consentie par » MM. Seguin, telle qu'elle a été arrêtée par le » Conseil d'administration, dans sa séance du 23 de » ce mois et les séances précédentes. »

Qu'y a-t-il dans ce texte , dans cette stipulation , qui nous prive du droit de revenir contre les erreurs ou omissions que le compte de liquidation peut renfermer ? Où trouve-t-on là une renonciation à l'exercice d'un droit qui a pour fondement les principes les plus purs de l'équité ? — Disons plus : Si MM. Seguin venaient relever des erreurs commises à leur préjudice , est-ce que nous pourrions leur opposer cette acceptation pure et simple qu'ils font *de la liquidation telle qu'elle a été arrêtée par le Conseil d'administration ?* — Nous en serions pour la honte de leur opposer une fin de non-recevoir que la mauvaise foi pourrait seule mettre en avant. Et cet article 5 , qu'en droit et en conscience nous ne saurions faire valoir contre MM. Seguin pour lesquels il est stipulé , **M.** l'agent central croit qu'il repousse notre réclamation ! Est-ce sérieusement qu'il le dit ?... A quoi faut-il attribuer de semblables aberrations ?

Mais , dira-t-on , la liquidation des dividendes arriérés, « *telle qu'elle* a été arrêtée par le Conseil, est une par-
» tie intégrante de la transaction , et cette transaction
» que vous représentez comme ayant lésé vos intérêts
» et vos droits, a eu précisément pour objet de faire
» jouir les Actionnaires de l'intérêt de leurs avances , in-
» térêt dont ils ne jouissaient pas auparavant ; et, comme
» vos avances étaient plus considérables que celles des
» Actionnaires d'industrie, on a eu raison de vous dire
» qu'elle vous *profitait* quatre fois plus qu'à ces der-
» niers ; le chiffre même de la liquidation des dividen-
» des est entré en considération dans la transaction ;
» c'est une des conditions sans laquelle cette transac-
» tion n'aurait pas eu lieu ; vous ne pouvez pas attaquer
» l'un plus que l'autre. Les deux actes sont co-relatifs. »

Voici bien, je pense, l'objection dans toute sa force; on ne me reprochera pas de l'avoir affaiblie; j'ai rassemblé toutes les raisons que j'ai trouvées disséminées dans les comptes-rendus et dans les notes et explications données *par ordre de l'administration*. Voyons ce que tout cela vaut.

Nous avons déjà réfuté une partie de ces objections en rappelant que les transactions se renferment dans leur objet, et que, dans celle qu'on nous oppose, il n'y a pas de stipulation expresse qui dise ce qu'on suppose ici. Il s'agit donc seulement de savoir si la liquidation des dividendes, telle qu'elle est faite, *même avec ses erreurs*, est la condition essentielle de la transaction; si cette transaction ne pourrait pas exister sans cette liquidation *telle quelle*.

Sachons donc bien ce que c'est que cette transaction, et quel est son véritable et essentiel objet. — Pour bien faire comprendre cela, nous sommes obligé de remonter un peu haut.

Quand, malgré les assurances de MM. Seguin, réitérées maintes fois pendant le cours des travaux, il fut devenu évident que non-seulement le fonds primitif de dix millions, mais encore le onzième million réservé, étaient insuffisants pour l'achèvement du chemin de fer; quand il fallut ou perdre cet énorme capital ou recourir aux emprunts et aux expédients, un grand mécontentement se manifesta dans le Conseil d'administration et parmi les actionnaires. On demandait que la part accordée dans les bénéfices à une *industrie* dont on pouvait maintenant apprécier la valeur, fût réduite; on demandait que ces Messieurs rapportassent à la Compagnie une partie de leurs actions (voy. arbit. du 19 décembre 1830, page 13 etsuiv.).

Il est vraisemblable que l'on eût dès lors demandé la

dissolution de la Société , si MM. Seguin n'avaient eu la prévoyance de se rendre, comme on dit , maîtres de la position. « Dès l'origine du chemin de fer, MM. Seguin
» eurent des intérêts séparés de ceux de la Compagnie,
» et même en opposition avec elle. ; (1)....; quoiqu'il
» existât alors dans des statuts provisoires un article
» supprimé depuis....., dans les statuts définitifs , article
» en vertu duquel MM. Seguin étaient obligés d'offrir à la
» Compagnie toutes les spéculations industrielles qu'ils
» pourraient former relativement au chemin de fer , avant
» de pouvoir s'en charger eux-mêmes (2)..... Peu de
» temps après l'adjudication du chemin , et la concession
» obtenue par l'administration , MM. Seguin (MM. Se-
» guin étant nos gérants !!) obtenaient *pour eux-mêmes*,
» (*pour eux-mêmes*, vous l'entendez) de la ville de Lyon,
» la concession à titre onéreux et sous certaines condi-
» tions d'établissements industriels....., toute la portion
» de Perrache où est maintenant la gare avec les ter-
» rains qui enveloppent le chemin de fer (3). »

Sur tous les autres points importants de la ligne, à Givors , à Rive-de-Gier , à St-Etienne , ces Messieurs ache-tèrent les terrains qui entouraient le chemin de fer.

La Commission qui, plus tard, fut envoyée sur les lieux pour examiner ce que la Compagnie devait faire devant les offres de cession de MM. Seguin, « recon-
» nut qu'aux quatre points principaux de chargement

(1) Rapport fait au Conseil d'administration par une Commission composée de MM. Humblot-Conté, Baronnet et Parent ; page 25 de la collection des Rapports présentés à l'assemblée générale du 25 août 1831.

(2) Même collection, page 18.

(3) Même collection, page 19.

» et de déchargement, le chemin de fer était pour ainsi
» dire enveloppé dans les terrains et gares dont MM. Se-
» guin frères étaient propriétaires, et qu'ainsi on ne
» pouvait arriver latéralement à ces points de déchar-
» gement sans passer sur leurs propriétés..... Le chemin
» de fer était sur tous ces points de déchargement, no-
» tamment à Rive-de-Gier et à St-Etienne, renfermé
» comme dans une gaine dans la largeur de ses
» rails !..... » (1).

Telle était la position que ces Messieurs s'étaient faite.

On ne pouvait pas renvoyer des associés qui, s'ils
n'avaient pas su comme ingénieurs *prévoir* ce que devait
coûter réellement le chemin, avaient au moins, comme
spéculateurs, parfaitement su *prévoir* le moyen de maî-
triser leurs associés et de se rire de leur mécontement.....
ils les avaient emprisonnés !

On avait certainement bien le droit de demander à ces
*habile*s industriels qu'ils apportassent maintenant un fonds
réel et vaillant dans l'entreprise, un capital *non rembour-
sable*, comme celui que la série de capital avait apporté.
— « Mais en possession des débouchés du chemin de fer
» et de ses abords, possession d'une importance vitale
» pour la prospérité de l'entreprise (2), » ne faisaient-ils
pas pressentir que « tous ces terrains et ces gares qui
» enveloppaient le chemin de fer à tous ses points de
» chargement et de déchargement, » *pouvaient bien passer dans des mains ennemies ou trop exigeantes?* Nous avions
quelques sujets de craindre qu'il n'en fut ainsi, dit
M. Parent dans son rapport déjà cité (3). On était *frappé*

(1) Rapport de M. Parent, page 25.
(2) Ibid. page 17.
(3) Ibid. page 26.

du triste sort qui menaçait le chemin de fer (ibid.) ; il n'y avait pas possibilité de réduire à ce qui eût été strictement juste, des associés si bien posés.

On ne pouvait se dégager de leur étreinte. — Mais comme tous ces terrains qu'ils avait achetés et qu'ils *n'avaient pas payés*, auraient pu devenir pour eux une fort mauvaise spéculation si le chemin de fer ne s'achevait pas, il y avait moyen de disputer encore, avec quelque avantage, devant des arbitres, sur la proportion d'intérêt qu'ils s'étaient réservée dans l'acte social.

On s'était arrêté à l'idée d'un emprunt. — Par l'obligation d'emprunter, il était facile d'apercevoir que « l'em-
» prunt à faire, faisait éprouver une perte aux actions
» de capital ; » et l'on pensait « qu'il était juste que les
» actionnaires d'industrie éprouvassent une perte sembla-
» ble..... » On évaluait « cette perte au tiers des actions
» de capital, ce qui amenait la demande du transport à
» la Compagnie de cent quarante des actions d'indus-
» trie (1). »

Devant l'arbitrage qui fut constitué, MM. Seguin « sont
» venus dire : Nous offrons de céder à la Compagnie tous
» les terrains que nous avons acquis, et tous nos droits
» sur les gares de Lyon et de Givors. Nous mettrons pure-
» ment et simplement la Compagnie en notre lieu et
» place...; que ces terrains faisant deux millions sept cent
» mille pieds carrés soient réunis aux terrains que la
» Compagnie possède déjà ; que tout serve de sûreté à
» l'emprunt qu'on va contracter. Que les bénéfices consi-
» dérables que présenterait la revente des terrains ju-
» gés inutiles à la prospérité du chemin, servent à rem-

(1) Arbitrage du 19 décembre 1830, page 13.

» bourser l'emprunt. *Si ces bénéfices étaient jugés insuffi-*
» *sants, nous nous obligeons de parfaire la différence par le*
» *revenu de nos actions d'industrie jusqu'à concurrence de la*
» *somme nécessaire pour effacer entièrement l'emprunt* (1). »

Sous le bénéfice de ces offres et « sous l'accomplissement de certaines conditions « qu'indiquaient les arbitres,
» la demande de la réduction ou cession d'une partie
» des actions d'industrie parut inadmissible. »

Mais, dans une sentence postérieure, interprétative de
quelques dispositions de la première, les arbitres déclarèrent que, si l'emprunt, qui « devait porter entièrement
» sur les actions d'industrie des gérants..., venait à porter
» par moitié sur les deux classes d'action (c'est-à-dire
si la série du capital venait à supporter une partie de cet
emprunt), « la décision arbitrale qui rejette la demande
» d'un abandon sur les actions d'industrie des gérants,
» *demeurerait sans base*, et la question de l'abandon de
» ces actions renaîtrait. »

On accepta cette cession des terrains enfermant le chemin de fer proposée ou imposée par MM. Seguin, mais
on dut augmenter le chiffre de l'emprunt jugé nécessaire
à l'achèvement du chemin. — Car, retenez-le bien, ces
Messieurs *n'avaient pas payé* les terrains qu'ils cédaient ;
ce *fut la Compagnie qui les paya.* — Le prix de ces terrains
s'élevait à 720,500 francs. La Compagnie dut accroître
de 800,000 francs l'emprunt de 2,200,000 qu'elle s'était
d'abord proposée de contracter. Ce furent trois millions à
emprunter.

Remarquez et remarquez bien que, dans ce système si
bien calculé et si bien conduit, l'industrie, au moins

____

(1) Arbitrage du 19 décembre 1830, pages 15 et 16.

celle des *gérants*, n'apporte jamais un sou. C'est la Compagnie qui emprunte et qui s'oblige ; c'est la Compagnie qui solde les terrains que ces Messieurs n'avaient pas payés ; et cet emprunt qu'ils s'obligent à supporter, ce seront les produits que cet emprunt, fait par la Compagnie, permettra d'obtenir, qui leur fourniront les moyens de s'acquitter de la charge qu'ils acceptent. En définitive, *l'industrie* aura *suffi* pour mise de fonds à ces Messieurs (1). Certes, voilà la science du *savoir faire* portée à sa plus haute puissance. Qu'au moins elle consente à observer les conditions qu'elle a *spontanément* proposées !

« Ne perdez pas de vue, Messieurs, qu'aux termes
» des traités (qui furent consentis de part et d'autre),
» MM. Seguin frères et Ed. Biot affectent le *revenu de leurs*
» *actions d'industrie*, au nombre de 304, au rembourse-
» ment de toutes les portions des emprunts qui n'auraient
» pu être couvertes, soit par les produits des gares et
» terrains, soit par la revente de ces terrains qui se-
» raient jugés inutiles pour la Compagnie. De *sorte qu'en*
» *définitive*, ce *sont réellement ces terrains* et *les actions d'in-*
» *dustrie de MM. Seguin frères et Ed. Biot, qui rembour-*
» *seront les emprunts* (2)... »

Voilà un engagement bien précis, bien clairement expliqué ; voilà un engagement d'autant plus obligatoire, que ceux qui s'y sont soumis, en avaient eux-mêmes *spontanément* fait la proposition.

Maintenant, qu'a fait la transaction ? quel a été son objet ? L'article 2 le dit : « Les trois cent quatre actions

(1) Nous ne méconnaissons point que ces Messieurs ont aussi souscrit des actions de capital. Ils ont leurs droits communs avec nous, série de capital ; mais nous parlons ici de leurs *droits* comme série d'industrie.

(2) Rapport de M. Parent, page 39.

» d'industrie des gérants sont déchargées de toutes les
» stipulations qui grevaient leurs revenus.., ne restent plus
» soumises qu'aux restrictions posées par les art. 94 et
» 95 des statuts interprétés par les arbitrages (les 3 p. %
» promis aux actions de capital) »....

Voilà le résultat de cette fameuse transaction : l'abandon de la garantie offerte , acceptée... que l'emprunt de trois millions pèserait exclusivement sur les gérants ! —

Mais , si les charges de l'emprunt *viennent* ainsi *à porter par moitié sur les deux classes d'actions* (comme dit l'arbitrage du 28 mars 1831)... avez-vous fait, vous qui avez conçu et rédigé cette transaction , avez-vous fait *renaître la question de l'abandon d'une partie dés actions* des gérants ? — Les arbitres avaient déclaré que , dans ce cas, la décision *par laquelle ils avaient rejeté la demande d'un abandon sur les actions d'industrie des gérants, demeurerait sans base.* Cette réduction qui leur paraissait juste, naturelle, dans le cas où ces industriels ne supporteraient pas *seuls* la charge de cet emprunt, l'avez-vous obtenue ? — Non, — rien en retour ; — l'abandon est sans compensation !!! Et, qui plus est , dans cette transaction , dans cette renonciation qui devait au moins, pour prix du sacrifice, assurer le repos de l'avenir, vous laissez introduire l'énonciation de difficultés futures, vous ne les aplanissez pas immédiatement ! Vous laissez dire que « MM. Seguin se réservent
» de discuter , s'il y a lieu, dans l'intérêt des actions
» d'industrie, la proportion dans laquelle les charges de
» nouveaux emprunts seraient supportées par les deux
» séries d'actions ! » Vous vous contentez d'insérer des réserves contraires ! cela suffisait-il ? Ne dirait-on pas qu'on laissait introduire cette espèce de protestation contre le principe de la contribution aux charges dans la propor-

tion des avantages , pour égarer l'intelligence des Actionnaires et les disposer à laisser passer les violations à ce principe ? — M. l'agent central ! vous qui acceptez la responsabilité de cette transaction , qui *a eu le plein et entier concours de votre opinion personnelle* (1) , — je ne mets point en doute votre probité, votre honnêteté (je vous le dis hautement du fonds de ma conviction..... et je le dis, afin que la sévérité que je suis obligé de mettre dans ma critique de vos actes, ne reçoive point une interprétation qui n'est ni dans ma pensée ni dans mon intention)....
Mais, je vous le demande , vos sympathies pour les actions d'industrie , ou , pour mieux dire, vos sympathies pour les porteurs d'actions d'industrie , ne vous ont-elles pas ici étrangement égaré ? et les Actionnaires de capital peuvent-ils trouver que vous avez défendu leurs intérêts ?

Direz-vous : Cette transaction était nécessaire ; MM. les anciens gérants soulevaient de nombreuses difficultés ! — Ho ! je le crois. Mais si, à toutes les difficultés, à toutes les prétentions qui plaira à ces Messieurs de mettre en avant, vous faites des concessions pareilles à celle que renferme la transaction de 1842 , vous n'en avez pas fini avec eux. Ils est permis de croire qu'ils ont un fonds iuépuisable de compensations de ce genre à vous offrir en retour des sacrifices qu'ils voudront imposer.

Ils avaient bien aussi « offert *spontanément* à MM. les
» Actionnaires et aux autres Concessionnaires-fondateurs
» de ne rien prélever des dividendes attachés à leur 340
» actions d'industrie, avant que la part des bénéfices nets,
» dévolue aux actions de capital par l'art. 83, ne donne
» à chacune de ces actions un dividende de 3 p. % par

(1) Lettre du 4 août 1846.

» chaque année , outre les 4 p. % d'intérêts , stipulés
» art. 22 ; étant bien entendu que , lorsque les actions
» de capital se trouveront arriver ainsi à avoir 7 p. %
» en tout , ces Messieurs rentreraient dans tous leurs
» droits de partage (1). » Et, malgré la spontanéité de
cette offre et la précision de l'engagement , ces Messieurs
ont bien voulu, en 1830 et 1831, en éluder l'application ;
— mais le Conseil alors tint ferme contre leurs prétentions ;
il les appela devant des arbitres ; et nous avons vu
comment ces arbitres déclarèrent que cet engagement, sur
la foi duquel tant d'Actionnaires avaient acheté de MM. les
fondateurs leurs actions à *prime* , ne pouvait pas être un
leurre décevant ; et ils organisèrent fortement le mode
de l'exécuter.

Devant les nouvelles prétentions de se soustraire à ce
second engagement , aussi *spontanément* offert par ces
Messieurs, pourquoi avoir désespéré tout-à-coup d'en
obtenir justice! Etait-elle donc si redoutable cette prétention de MM. Seguin , la seule qui soit indiquée dans le
préambule de la transaction : *d'avoir droit à la moitié de
l'excédant de valeur des propriétés qu'ils avaient cédées et
que la Société avait payées ! !...* Toutes les autres questions
que vous rassemblez péniblement comme pour montrer que
vous avez dû avoir peur , n'étaient-elles pas résolues par
les décisions précédentes ? Encore une fois, pourquoi pas
un nouvel arbitrage avant que de se soumettre à la renonciation à un engagement si formel et si explicite? L'arbitrage! ce grand moyen que vous opposez aujourd'hui à tout
propos, à toute objection , à tout argument présentés par
un Actionnaire de capital , au lieu de lui expliquer une

(1) Article 94 des Statuts.

raison, pourquoi ne pas l'invoquer alors ? — Ah ! les choses ont changé parce que les hommes de 1842 n'étaient pas ceux de 1830 et 1831.

A présent que nous connaissons cette transaction et que nous pouvons bien l'apprécier, nous est-il possible, Messieurs, de trouver que la liquidation des dividendes arriérés ait quelque corrélation naturelle et nécessaire avec cette transaction ?

Pour faire le compte de ce que chaque série avait prêté ou avancé, était-il nécessaire de faire abandon à MM. les gérants de l'obligation qu'ils avaient prise de supporter l'emprunt des trois millions ? Est-ce que ces deux choses ne pouvaient se faire l'une sans l'autre ? Est-ce que les Actionnaires ne pouvaient recevoir un intérêt des sommes qu'ils avaient prêtées et un titre recognitif de leurs droits, si les gérants n'obtenaient pas la remise de l'engagement qu'ils avaient spontanément offert de supporter ? N'était-il pas décidé dès longtemps que *le compte des avances devait être fait à chacun* ?

Est-ce que le chiffre de la liquidation a été pris en considération ; et, sans cette fixation telle qu'elle a été faite, la transaction ne pouvait-elle avoir lieu ? Le prétendre, reviendrait à dire que MM. Seguin n'auraient pas *consenti* à accepter la libération de l'obligation de supporter *seuls* l'emprunt de trois millions, si les actions de capital ne se soumettaient pas à faire à la Société des prêts sans intérêts ou des avances de fonds sans compensation ! Ce serait, en vérité, attribuer à la *complaisance* de ces Messieurs d'étranges exigences.

Poser de semblables questions, c'est renverser de fond en comble toutes les objections mises en avant pour essayer de repousser l'inévitable révision d'un compte dont les erreurs et les omissions sont aussi évidentes que la clarté du jour, et pour échapper aux conséquences aussi inévitables du redressement. — Tout ce que nous avons dit plus haut sur cette fameuse liquidation des dividendes arriérés et sur la dérisoire explication du *profit* qu'elle avait procuré aux actions de capital, subsiste donc dans toute sa force.

La transaction ne fait pas le moindre obstacle à la révision de la liquidation, de même que cette révision de la liquidation n'implique point l'annulation de la transaction.

Messieurs, nous sommes sincères, et, quand nous invoquons en notre faveur le grand principe de l'égalité des conditions entre associés, nous ne voulons pas le méconnaître quand il est favorable à nos adversaires. (Nous sommes bien obligés d'appeler ainsi certains co-associés.)

Sans doute il n'était pas injuste de dire à l'industrie après ses faux calculs, ses prévisions erronées et surtout après ses procédés : « La part que vous vous étiez faite » est trop large ; subissez ce premier emprunt que votre » faute rend indispensable. » Cela était juste ; cela était d'autant plus juste, que la condition était non-seulement acceptée, mais *spontanément* offerte par ceux qui devaient la supporter. Mais, cette justice pouvait paraître sévère.

Il y avait dans l'état des choses qui en résultait un véritable motif, un véritable sujet de transaction. Que MM. les anciens gérants, franchement et sans ces réserves destinées à faire naître de nouvelles difficultés dans l'avenir, eussent dit : « Dans un moment d'irritation, de » mécontentement, vous nous avez imposé l'obligation » d'acquitter seuls un emprunt de trois millions ; nous » voulons tenir toutes les promesses que nous avons faites, » qui sont consignées dans les statuts et dans les arbitrages

» qui règlent nos rapports avec les Actionnaires de
» capital ; au-delà des onze millions, noùs reconnais-
» sons que, si nous voulons conserver l'égalité du partage,
» nous devons apporter autant de fonds que nos cointé-
» ressés. Nous demandons, d'après ce principe, que
» l'emprunt mis exclusivement à notre charge devienne
» la charge de tous. » Messieurs, ce langage aurait dû
être écouté…. et il l'aurait été infailliblement, et une fran-
che et honorable transaction aurait prévenu bien des
conflits.

Eh bien ! la transaction de 1842, tout péniblement et
tortueusement combinée qu'elle est, a cependant ce principe d'équité pour elle. Qu'elle conserve donc au profit des
anciens gérants tout l'effet qu'elle doit produire et que l'on
aurait pu obtenir par un procédé plus net. Qu'elle subsiste !
mais nous, de notre côté, maintenons aussi en notre faveur
les corollaires de ce principe qu'on n'a pas explicitement
reconnu tout en s'en servant, et que l'on se préparait les
moyens d'éluder en insérant dans l'art. 8 une réserve
contre la proportion dont les emprunts à venir devraient
peser sur les deux séries d'action !

Tenons-nous donc toujours en garde, et ramenons tout à
ce grand principe de la *proportion des avantages aux charges.*
Ne nous laissons pas égarer par ces distinctions de comptes
de capital, comptes de premier établissement, comptes
d'exploitation. Toutes ces choses-là, Messieurs, sont
d'excellentes et sages méthodes de se rendre compte de
ce que l'on fait, de ce que l'on dépense, de la manière
dont on emploie ses fonds ; mais, en définitive, cela ne
touche en rien au principe dominateur. Ces distinctions
du compte de premier établissement ou d'entretien seraient
nécessaires, si l'une des séries d'Actionnaires ne voulait

pas avoir part aux avantages que les créations nouvelles doivent procurer. Mais comme toutes prétendent au partage égal des produits, il faut que toutes participent également aux charges que le premier établissement de ces moyens de produit rend nécessaires.

Rien donc, en aucune circonstance, ne doit faire fléchir ce principe ; il est la garantie des droits de tous ; et, si on l'admet de bonne foi, c'est-à-dire avec ses conséquences naturelles, nous demandons où seraient les difficultés entre nous ?... — Que serait-il besoin d'arbitres et d'arbitrage ?... ce ne sont plus que des comptes à refaire et à vérifier ; — ce n'est plus qu'une affaire de teneur de livres.

Ce principe de l'égalité des conditions pour tous les associés, nous devons l'invoquer encore, Messsieurs, pour résoudre une de ces questions toujours pénibles à aborder, parce qu'on ne peut les traiter sans froisser des susceptibilités personnelles et sans compromettre des positions qui paraissent très bonnes... à ceux qui les occupent. Mais enfin, comme les choses sont derrière les personnes, si on ne veut pas nous refuser le droit de veiller à notre chose, et de défendre nos intérêts, il faut bien forcément que l'on nous concède la faculté de nous occuper des personnes à qui le soin de *cette chose* et de ces intérêts est commis.

Si, parce que nos observations offusquent et blessent des amours-propres (et il ne peut être ici question que d'amour-propre, nous l'avons déjà déclaré à l'occasion de M. l'agent central, et nous le déclarons à l'occasion de l'autre agent dont nous allons parler : leur honneur n'est nullement attaqué par nous, à Dieu ne plaise !) ; si, disons-nous, parce que nos observations effarouchent des susceptibilités, nous devons nous taire et laisser faire et laisser passer....., il faut alors substituer les délicatesses d'un code de civilité (véritablement *puérile*) aux principes de tous ces codes qui règlent les rapports de l'ordre social. Cela conviendrait fort à certaines gens de par le monde, mais, entre nous, il ne s'agit pas de pareilles gens.....: parlons donc net et franchement.

Eh bien! nous disons que ce n'est point observer, que ce n'est point maintenir l'égalité des conditions pour chaque série d'Actionnaires, que de remettre la direction du chemin de fer aux mains de la série d'industrie....., — et elle y est dans la personne du directeur actuel, gendre et allié de MM. Seguin. Que ce directeur n'obéisse à aucune influence, je veux bien l'admettre; — mais que l'influence de ces associés qui « *dès l'origine du chemin de* » *fer* ont eu *des* intérêts séparés de ceux de la Compagnie, » et même en opposition avec elle (1), » ne cherche pas à s'exercer sur lui!..... notre raison, éclairée par l'expérience, ne le croit pas. — Alors la position n'est pas tenable pour M. Gervoy; car s'il résiste à cette influence que, d'un côté, on prétend exercer sur lui....., de l'autre, il ne recueille pas la reconnaissance qu'il aurait droit d'attendre pour le mérite de cette lutte. Ces liens qui l'attachent aux grands Actionnaires d'industrie, inspirent aux Actionnaires de capital une défiance....., injuste peut-être, mais très sérieuse et très réelle. Or, on ne peut pas condamner des associés à subir un pareil état de choses.

Nous le demandons sérieusement, aurait-on osé mettre dans les statuts, que la direction du chemin de fer,

(1) Rapport de M. Parent, page 25.

c'est-à-dire la haute main sur le mouvement, le matériel, la comptabilité, les travaux, sur les marchés, sur les traités, sur les personnes, sur tout enfin ! serait l'attribut spécial de la série industrielle et deviendrait l'apanage du gendre de MM. Seguin?..... Non, jamais on n'aurait osé annoncer cela ! — Eh bien ! si on n'eût pas osé le dire, c'est parce que cela ne doit pas être ; — et, si cela est, c'est un abus qui doit tomber devant l'invocation au principe protecteur de tous les intérêts, de tous les droits que nous adressons au Conseil d'administration. Que cette raison suffise !

Quittons ces questions toujours irritantes, mais qu'un examen sérieux des causes desquelles dépend la prospérité et la sécurité de notre Compagnie rendait nécessaire de traiter ; si nous les avons abordées, Messieurs, ce n'est ni une animosité, ni un motif d'intérêt personnel qui nous y ont conduit. On sait assez dans la Compagnie que notre position n'admet pas que nous songions à être directeur, agent central ou même administrateur. Nous avons dit ce qu'une étude approfondie de cette affaire nous avait fait voir être conforme au droit, à la justice, à l'intérêt de nos co-associés, et nous l'avons dit sans faiblesse, puisant sans doute dans les habitudes de nos fonctions, la fermeté d'aller au fond des choses, sans nous arrêter aux considérations de personnes.

Quelques mots maintenant sur les emprunts.

La voie du crédit est quelquefois nécessaire à prendre, mais il faut, si on veut qu'elle soit utile, s'y engager avec prudence et discernement. « Emprunter, emprunter jus- » qu'au dernier jour ! » comme je l'ai entendu dire par M. l'agent central, ce n'est pas un propos sérieux sans doute.

Ce système économique serait un peu trop celui des intendants des grands seigneurs d'autrefois ; ce système apportait, à la vérité, d'importantes sommes dans la caisse dont les intendants pouvaient trafiquer utilement pour eux-mêmes, mais, au bout de peu d'années, le grand seigneur se trouvait ruiné. Nous ne voulons pas cela pour nous, M. l'agent central ne le veut pas non plus, malgré son propos.

Prenons garde aussi, Messieurs, que, dans les Compagnies comme celle où nous sommes intéressés, toutes les actions ne sont pas (comme elles le sont, très heureusement pour la très grande majorité dans la nôtre), ne sont pas entre les mains de personnes qui ont entendu faire un placement solide et promettant de bonnes chances dans l'avenir. Non, pour le malheur de l'esprit d'association et pour le chagrin des économistes qui avaient rêvé les grandes choses que cet esprit bien dirigé peut produire, l'esprit de spéculation et d'agiotage s'est emparé de la plupart de ces grandes entreprises industrielles. Cet esprit ne considère pas la valeur positive de ce titre de co-propriété que l'on nomme UNE ACTION ; il ne s'inquiète que de la valeur factice qu'il peut avoir au grand jeu de la Bourse. Pour l'Actionnaire de cette espèce, peu importe la sagesse ou l'imprudence des systèmes d'une administration. Qu'une mesure quelconque soit adoptée : si elle fait monter le taux des actions à la Bourse, la mesure est bonne ! il peut réaliser un bénéfice, il vend son action.., il a obtenu tout ce qu'il voulait ; l'entreprise deviendra ensuite ce qu'elle pourra. Pour un Actionnaire de ce genre, le système des emprunts et *des emprunts jusqu'au dernier jour* est excellent, surtout si les emprunts servent à rendre disponibles de gros dividendes. Dans les assemblées générales, ces

Actionnaires voteront aisément tous les emprunts proposés, même *en principe*, car ce principe leur convient à merveille. Tenons-nous en garde contre l'influence des Actionnaires de cette espèce, peu nombreux parmi nous, mais actifs et malheureusement secondés par les dangereuses théories de l'agence centrale.

Notre Compagnie, Messieurs, a un caractère qu'elle doit s'efforcer de maintenir. Nos actions sont ce qu'on appelle généralement *bien placées*; elles sont en très grande partie dans les mains de gens qui se sont engagés avec des idées d'avenir, et des principes de pères de famille. Le taux élevé de leur prix d'émission a empêché de les jeter à profusion sur ce tapis aventureux de la Bourse.

Le sage et habile président du Conseil, feu M. Humblot-Conté, d'honorable et regrettable mémoire, n'avait pas voulu que le cours de nos actions fût coté à la Bourse de Paris. « C'est une affaire de famille, disait-il ! » Aurait-il donné son assentiment à la proposition du fractionnement de nos titres d'action, pour les assimiler à ces valeurs, objets trop faciles du jeu scandaleux qui afflige et déshonore peut-être notre époque ? — Il est permis d'en douter. — Il aurait au moins imité la sage circonspection de nos administrateurs, qui ne s'est point hâtée de mettre à exécution une décision trop peu réfléchie, évidemment sollicitée par l'esprit d'agiotage de quelques Actionnaires impatients de tout mettre en jeu. Il eût applaudi à cette prudence, et peut-être eût-il conseillé de rapporter une délibération prise sans nécessité, puisque toutes les actions sont placées, et sans utilité, puisqu'elle n'a pour but que de favoriser des spéculations qu'il n'est ni bon ni honnête d'exciter ou de satisfaire.

Encore une fois , soyons en garde contre ces entraîne-ments; ils sont cause que nous n'avons pas toujours usé du crédit avec prudence. — Ainsi, quand nous fîmes, en 1842, l'emprunt de quatre millions qui devait largement suffire *aux éventualités de l'avenir*, et que l'on confondit tous les emprunts sous le titre *d'emprunts réunis* , en établissant un sys-tème d'amortissement, on fit une opération qui eût été sage si l'on n'avait pas donné une part si large aux divi-dendes , et si l'on avait fait concourir les principes de l'économie avec ceux du crédit. — Il fallait de moins forts dividendes et un amortissement plus actif et plus puis-sant. Notre crédit ne s'en trouverait pas plus mal aujour-d'hui. Mais on a bien fait autre chose.

On tirait au sort les obligations contractées pour la créa-tion de l'emprunt , suivant l'ordre établi pour leur extinc-tion. A chaque semestre, la somme préparée pour acquitter ces obligations que le sort indiquerait, était prête. Par une combinaison (dont on n'a jamais pu me faire comprendre le mérite autrement qu'en me disant : « Cela se fait ailleurs, ») on mettait dans la roue de fortune des obligations non émises , c'est-à-dire des parties de l'emprunt non en-core réalisées. Ces obligations *à la souche*, comme on les appelle, sortaient (assez fréquemment même). Il n'y avait pas de mal si les sommes préparées pour acquitter les obligations en circulation étaient mises en réserve ; les ressources déclarées nécessaires aux éventualités de l'avenir n'étaient pas diminuées, on les retrouvait ; c'était une partie de l'emprunt réalisée sans droits de commis-sion , etc. Ceux de qui nous avions emprunté , et qui doi-vent compter sur l'accomplissement du système d'amortis-sement que nous leur avions fait connaître, n'avaient pas à se plaindre que leurs gages de sécurité eussent été altérés , car nous restions fidèles au système qu'ils avaient accepté. Au lieu de cela, on a rejeté les sommes destinées à éteindre quatre cent quinze obligations dans l'actif disponible, et ces sommes ont passé aux dividendes.

Nous ferons observer qu'en certaines années, les Actionnaires d'industrie n'auraient rien eu à recevoir. Mais, grâce à l'invention, une somme de 518,750 fr. a été ainsi mal à propos distribuée. Le capital a reçu dans cette distribution environ 150,000 fr., l'industrie 350,000.

En bonne règle , en bonne administration , aucune somme ne peut être détournée de son affectation spéciale. Ici, il y a eu oubli de ce principe. Ce qui est mal à propos payé, est sujet à rapport. Nous devons tous rapporter ce qui nous a été indûment réparti. Voilà une ressource à épuiser avant que de faire de nouveaux emprunts. Les deux millions que la série d'industrie doit fournir pour se niveler avec nous, ainsi que nous l'avons démontré plus haut, vont amplement suffire aux besoins de notre entreprise, car ces besoins seront certainement moins *urgents*, dès qu'il ne sera plus question de les mettre en avant pour obtenir des emprunts consacrés à faire distribuer des dividendes, et dès que la série d'industrie devra apporter son contingent.

Cela est heureux , Messieurs, car il ne faut pas vous dissimuler les très graves difficultés que nous rencontrerions s'il fallait avoir réellement recours à un emprunt nouveau.

On a traité d'une manière fort dégagée, dans le compterendu de la dernière assemblée, la question du classement de cet emprunt. « Les difficultés signalées... n'exis- » tent pas dans le fait, » dit-on, avec une légèreté déplorablement caractéristique. Il n'y a jamais de difficultés, il

4

faut en convenir, quand on les tranche de cette manière.

« Les prêteurs de la Compagnie, dit-on, ne sont privi-
» légiés qu'à l'égard des Actionnaires dont ils priment les
» dividendes et même les intérêts (ce qui est parfaite-
» ment vrai et juste), mais non point à l'égard des prêteurs
» entre eux, parce qu'il n'y a dans la constitution des em-
» prunts réunis aucune réserve de priorité en faveur des
» porteurs d'obligations relativement *aux emprunts qui
» pourraient être faits plus tard.* »

Si, dans les emprunts que vous avez faits, vous avez
stipulé cette condition, il n'y a rien à dire. Nos anciens
prêteurs subiront la loi qu'ils auront acceptée. Mais je ne
puis croire que cette condition ait été convenue, car, dit-
on, *les écus ont de l'intelligence ;* et il y en aurait eu bien
peu dans ceux qui sont venus à nous, s'ils avaient donné
à une Compagnie dont la prévoyance n'a pas été le caractère dominant, la latitude de contracter indéfiniment
des emprunts pour venir ensuite pêle-mêle avec une
foule d'autres prêteurs, au lieu de conserver leur rang de
priorité. Assurément rien de semblable n'a été stipulé ; et
si rien de semblable n'a été stipulé..., qui donc aurait
le courage de dire à ceux qui les premiers nous ont prêté :
« Vous n'avez pas pris la précaution de stipuler qu'en cas de
» nouvel emprunt vous auriez le rang de priorité que la
» date même de celui que nous vous avons fait vous assigne ;
» voici de nouveaux emprunts, nous en ferons bien d'au-
» tres ; vous viendrez tous sans distinction, et l'on paiera
» au premier arrivant. » — Avez-vous réfléchi à ce que
vous avez eu la légèreté d'écrire ? Et quel crédit feriez-
vous à notre Compagnie, si tels étaient ses principes ?

Vous parlez ensuite des reconnaissances de capitalisation, et vous dites avec raison qu'elles ont intérêt à ce

qui peut tendre à augmenter le trafic et par conséquent les produits, les bénéfices. C'est leur intérêt sans doute, comme celui des prêteurs, comme celui des Actionnaires... Mais est-ce une raison pour elles d'abandonner le rang qui leur a été donné ? N'est-ce pas justement parce que ce rang est déjà très reculé qu'elles ont intérêt à ce qu'il ne le soit pas davantage ?

Prétendrait-on aussi que, parce que l'art. 3 de l'arrêté règlementaire du 27 janvier 1842, imprimé en marge de ces titres, dit que l'intérêt des reconnaissances de capitalisation ne sera payé qu'après les charges, qu'après le *service des emprunts*, etc., cette expression générale des *emprunts* ne désigne pas seulement (comme tout le monde a pu le croire), les emprunts existants au jour de la création de ces titres, mais qu'elle embrasse dans son élasticité tous les emprunts créés ou à créer ? — Fi ! suffirait-il de dire, pour confondre celui qui mettrait en avant une si déloyale proposition : Vous ne la faites pas, j'en suis sûr. — Mais alors comprenez donc la position où vous avez placé la Compagnie avec ce laisser-aller avec lequel vous vous êtes engagé dans la voie du crédit. Si un besoin vraiment impérieux obligeait à ouvrir un emprunt, quelles conditions aurions-nous à subir? l'exigence serait proportionnée au rang que nous pouvons offrir. Comprenez-vous maintenant que, pour résoudre les difficultés du classement d'un nouvel emprunt, il ne suffit pas de dire qu'*elles n'existent pas?* Une pirouette n'est pas une raison.

Mais rassurons-nous, Messieurs; notre position n'est pas si critique. Vous venez de voir quelles ressources sont dans le sein même de la Société : le contingent que la série d'industrie doit apporter; le rapport de ce que tous nous avons mal à propos reçu. Voilà de quoi faire face à bien des nécessités. — Et ces dividendes qui, depuis 1846, nous sont retenus ,..... nous sont *empruntés!* Est-ce que l'Administration trouvera en nous des créanciers ou des prêteurs bien durs, bien exigeants ? Est-ce qu'il nous faudra des intérêts usuraires ? N'est-ce pas, au contraire, un emprunt tout fait, sans frais, sans droit de commission, sans tous ces accessoires parfois si lourds ? — Est-ce que cela ne conviendrait pas à tout le monde ?

Les hommes sages savent se résigner à des privations momentanées pour assurer la prospérité de l'avenir ; mais, pour avoir le courage de ces privations, il faut aussi avoir la sécurité ; il faut avoir la certitude que l'impartialité, la fermeté, une sage économie et cette puissante capacité qui se nomme simplement le bon sens, conduisent nos affaires. Pour la représentation du capital, le Conseil nous offre dans ses anciens membres l'expérience ; dans les plus jeunes l'énergie et la bonne volonté ; dans tous le dévouement à l'intérêt commun. Que les premiers se ressouviennent, que les seconds apprennent... qu'à une époque déjà éloignée, pour arrêter bien des maux, les Associés-fondateurs comprirent « *les conditions qui avaient pour but de faire* » *rentrer l'Administration et la surveillance de l'entreprise* » *beaucoup plus immédiatement dans la main du Conseil* (1). » et ils purent dire qu'*un seul esprit, un seul intérêt, celui* » *de la Compagnie sociétaire, réglerait désormais toutes les* » *opérations* (2). »

Ces *conditions* ne sont pas moins urgentes, ne sont pas moins nécessaires aujourd'hui qu'elles le furent à l'époque où les fondateurs parlaient ainsi. — Que le Conseil avise donc !... Caveant Consules !

(1) Collection des Rapports de 1831, page 6.
(2) Collection des Rapports de 1831, page 9.

Je termine, Messieurs, cette trop longue exposition d'observations, qui résume à peine ce qu'une étude attentive, persévérante et consciencieuse (je puis l'appeler ainsi) m'a appris sur cette affaire qui est la nôtre, mais qui est aussi celle de quelques principes trop méconnus de nos jours, dans l'usage que l'on fait de l'esprit d'association.

J'apporte à mes co-associés le fruit de bien fastidieuses recherches, de longues méditations, que peu d'entre eux ont eu l'occasion ou la volonté de faire..... Qu'ils accueillent ce travail avec la confiance qu'un seul mobile, qu'un seul principe l'a fait entreprendre et l'a toujours dirigé : l'intérêt de la justice et de la vérité. Aussi parfois mon langage a pu paraître dur et sévère : je n'ai pas compris, en effet, que je dusse sacrifier de grands, d'immenses intérêts à ceux de quelques personnes ou de quelques positions. Si j'ai parlé sans crainte, très certainement aussi, j'ai parlé sans haine.

Si j'ai fait comprendre à mes cointéressés le principe qui règle notre société comme toute autre, et l'importance de veiller à ce que l'observation de ce principe soit énergiquement maintenue, je les aurai mis à même de défendre leurs droits en toute occasion.

S'ils ont bien vu que les principes de l'équité les plus reconnus, accordent le droit de revenir sur les erreurs ou les omissions d'un compte ; s'ils ont bien reconnu que la transaction n'apporte aucun obstacle à la révision de la liquidation de 1842, ils sauront réclamer et obtenir la réparation qui nous est due.

Si quelques vérités économiques répandues dans cet écrit ont pénétré leur esprit, ils auront compris les périls que les systèmes ou les procédés de certaines personnes feraient courir à une entreprise qui, pour tenir les promesses de prospérité qu'elle contient, et faire cesser ces murmures qui se font entendre autour d'elle, n'a besoin que de recevoir, des hommes éminents et si honorables qui siégent dans son Conseil d'administration, l'impulsion de leurs propres principes et le reflet de leur caractère personnel. Puissent mes efforts avoir contribué à amener ce résultat.....; je vous aurai été utile, Messieurs : j'aurai obtenu tout ce que j'ai souhaité.

Recevez l'hommage de mon respectueux dévouement,

A. JURIE.

Lyon, 5 novembre 1847.